Claude Marc

CHARADES
JEUX BLAGUES
DEVINETTES

Les ANIMAUX

www. Pour-enfants.fr

Première édition sous forme de livre numérique en septembre 2013
(ISBN 979-10-91524-17-9)

Imprimé par CreateSpace

Dépôt légal : Avril 2016. ISBN 979-10-91524-31-5

Loi n° 49-956 du 16 juillet 1949 sur les publications destinées à la jeunesse

Charades et devinettes sur les animaux
Jeux et blagues pour enfants

Vous trouverez ici des charades, devinettes, blagues et autres petits jeux sur le thème des animaux. Ces jeux de lettres et jeux de mots vont permettre aux enfants d'enrichir leur vocabulaire en jouant. Ils s'adressent aussi aux parents et aux enseignants, et peuvent être utilisés à l'école ou à la maison.

Claude, l'auteur de ce livre pour enfants, a été instituteur plus de 30 ans. Il adore inventer des activités et jeux amusants, avec l'idée de favoriser les apprentissages.

1. Charade animale

Animal préféré des enfants,
Mon premier est gourmand et de miel se
nourrit.

Mon dernier mène une double vie.
C'est à la fois un nombre et un
département.

Mon tout en bord de mer pique
les pieds imprudents.

Solution page suivante

1. Charade animale ^{Solution}

Animal préféré des enfants,
Mon premier est gourmand et de miel se
nourrit.

Mon dernier mène une double vie.
C'est à la fois un nombre et un
département.

Mon tout en bord de mer pique les pieds imprudents.

Oursin (ours - Ain)

L'ours est l'animal préféré des enfants.
un ours

L'Ain est un département. Un est un
nombre. Ces 2 mots se prononcent de la
même manière. Ils s'écrivent différemment
et ont des sens différents. Ce sont des
homonymes.

2. Charade animale

Mon premier est le contraire de vrai.
Le chien peut remuer mon dernier.

Mon tout est un animal qui vit sur la banquise.

Solution page suivante

2. Charade animale Solution

Mon premier est le contraire de vrai.
Le chien peut remuer mon dernier.

Mon tout est un animal qui vit sur la banquise.

Phoque (faux - queue)

Le phoque est un mammifère carnivore. Il se nourrit principalement de poissons.

Le contraire de vrai est faux.
Le chien remue la queue lorsqu'il est content.

3. Charade animale

Prendre mon premier fait mal.
Mon second soutient la tête.

Mon tout est un oiseau qui dépose ses oeufs dans le nid des autres oiseaux.

Solution page suivante

3. Charade animale ^{Solution}

Prendre mon premier fait mal.
Mon second soutient la tête.

Mon tout est un oiseau qui dépose ses oeufs dans le nid des autres oiseaux.

Coucou (coup - cou)

Au début du printemps on entend souvent le chant du coucou dans la forêt.

On peut prendre un coup, donner un coup ou rendre un coup.
Donner un coup = frapper

le cou
tendre le cou - se tordre le cou

4. Charade animale

Mon premier est humain.
Mon dernier est le contraire de laid.

Mon tout est un oiseau de couleur noire, que l'on rencontre dans une fable de Lafontaine.

Solution page suivante

4. Charade animale Solution

Mon premier est humain.
Mon dernier est le contraire de laid.

Mon tout est un oiseau de couleur noire, que l'on rencontre dans une fable de Lafontaine.

Corbeau (corps - beau)

Le Corbeau et le Renard est une fable célèbre de Jean de Lafontaine.

On parle du corps humain pour parler du corps de l'homme.
Beau est le contraire de laid.

5. Charade animale

Pendant mon premier on vit sans faire la guerre.
Mon dernier abrite de nombreuses abeilles.

Mon tout est un oiseau. Il en existe de nombreuses espèces au plumage de couleurs variées.

Solution page suivante

5. Charade animale

Pendant mon premier on vit sans faire la guerre.
Mon dernier abrite de nombreuses abeilles.

Mon tout est un oiseau. Il en existe de nombreuses espèces au plumage de couleurs variées.

Perruche (paix - ruche)

Il existe plus de 70 espèces de perruches différentes. Leur plumage peut être bleu, vert, jaune ou rouge...

6. Charade animale

Mon premier est un aliment.
Mon deuxième est un aliment.
Mon troisième est un aliment.

Mon tout se dit du chat lorsqu'il fait entendre son cri.

Solution page suivante

6. Charade animale ^{Solution}

Mon premier est un aliment.
Mon deuxième est un aliment.
Mon troisième est un aliment.

Mon tout se dit du chat lorsqu'il fait entendre son cri.

Miauler (mie - eau - lait)

Le chat miaule. Il fait entendre des miaulements.

la mie de pain
une eau
le lait

Tu vas aimer proposer cette charade à tes
amis.

Des définitions plus simples, à leur
donner s'ils ont du mal à trouver la
solution :

Mon premier est une note de musique.
Mon deuxième mouille.
Mon troisième est blanc et se boit. Les
chats en raffolent.

7. Charade animale

On se couche dans mon premier, matelas dur ou matelas mou.

Mon deuxième n'a que deux lettres, et remplace il elle ou nous.

Mon troisième est porteur d'eau.
Ce n'est pas la bosse du chameau.

Mon tout est le petit du roi de la jungle.

Solution page suivante

7. Charade animale ^{Solution}

On se couche dans mon premier, matelas
dur ou matelas mou.
Mon deuxième n'a que deux lettres, et
remplace il elle ou nous.
Mon troisième est porteur d'eau.
Ce n'est pas la bosse du chameau.

Mon tout est le petit du roi de la jungle.

Lionceau (lit - on - seau)

un lit
un seau d'eau

8. Charade animale

Mon premier est un prénom féminin qui commence par la première lettre de l'alphabet.

Mon deuxième peut être gazeuse, plate, minérale ou de source.

Mon tout est un très jeune mouton.

Solution page suivante

8. Charade animale ^{Solution}

Mon premier est un prénom féminin qui commence par la première lettre de l'alphabet.
Mon deuxième peut être gazeuse, plate, minérale ou de source.

Mon tout est un très jeune mouton.

Agneau (Annie - eau)

un agneau
L'agneau est le petit de la brebis et du bélier. L'agneau femelle est une agnelle.

l'eau gazeuse - l'eau plate - l'eau minérale - l'eau de source

9. Charade animale

Mon premier est une carte de valeur 1.
Mon deuxième est une des 2 couleurs noires d'un jeu de cartes.

Mon tout est un serpent venimeux.

Solution page suivante

9. Charade animale ^{Solution}

Mon premier est une carte de valeur 1.
Mon deuxième est une des 2 couleurs
noires d'un jeu de cartes.

Mon tout est un serpent
venimeux.

Aspic (as - pique)

La vipère aspic est un serpent venimeux.
Son venin peut être mortel pour l'homme.

un aspic
l'as
Le pique fait parties des 4 couleurs d'un
jeu de cartes : le carreau, le coeur, le pique,
le trèfle.

Une autre définition plus facile pour mon
deuxième :
Le moustique fait mon deuxième lorsqu'il
se pose sur ta peau.

10. Charade animale

Mon premier est une voyelle.
Tu prends mon deuxième lorsque tu
prends un petit morceau de pain.

Mon tout est un oiseau
nocturne. Il dort le jour et a une
vie active la nuit.

Solution page suivante

10. Charade animale Solution

Mon premier est une voyelle.
Tu prends mon deuxième lorsque tu
prends un petit morceau de pain.

Mon tout est un oiseau
nocturne. Il dort le jour et a une
vie active la nuit.

Hibou
Le hibou et la chouette sont 2 oiseaux
nocturnes.

la voyelle i

La liste des voyelles : a e i o u y

Un bout de pain

11. Charade animale

Dans une chanson populaire on célèbre mon premier.
Sans-doute en connais-tu l'air. On les plante avec les pieds.

Mon deuxième termine la brouette.

Mon tout est un oiseau nocturne.

Solution page suivante

11. Charade animale ^{Solution}

Dans une chanson populaire on célèbre
mon premier.
Sans-doute en connais-tu l'air. On les
plante avec les pieds.

Mon deuxième termine la brouette.

Mon tout est un oiseau nocturne.

Chouette (choux - ette)

La chouette, comme le hibou, est un
oiseau nocturne.

le chou - les choux

. 'école on apprend à chanter *Savez-vous
planter les choux ?*

ette termine le mot brouette.

12. Charade animale

Blanc, parfumé ou complet, mon premier fait le délice de la cuisine asiatique.

Mon deuxième :
—Rendez-nous ____ jouets. Il ne sont pas à vous.

Mon troisième n'est pas ignorant.

Trouve le nom d'une fleur qui a des épines. Double une de ses 2 consonnes pour obtenir mon quatrième : la fleur se transforme et te brutalise. Aïe !

Mon tout est le plus gros mammifère terrestre après l'éléphant. Il porte 1 ou 2 cornes sur son nez, selon les espèces.

Solution page suivante

12. Charade animale ^{Solution}

Blanc, parfumé ou complet, mon premier fait le délice de la cuisine asiatique.

Mon deuxième :

—Rendez-nous ____ jouets. Il ne sont pas à vous.

Mon troisième n'est pas ignorant.

Trouve le nom d'une fleur qui a des épines. Double une de ses 2 consonnes pour obtenir mon quatrième : la fleur se transforme et te brutalise. Aïe !

Mon tout est le plus gros mammifère terrestre après l'éléphant. Il porte 1 ou 2 cornes sur son nez, selon les espèces.

Rhinocéros (riz - nos - sait - rosse)

Le rhinocéros est un animal menacé de disparition. Il peut mesurer 4 m de longueur pour 2 m de hauteur, et atteindre un poids de 3 tonnes.

Rendez-nous **nos** jouets.

Il n'est pas ignorant : il sait.

La **rose** a des épines. Doublons le s pour obtenir **rosse**.
rosser = brutaliser, cogner, frapper

Et moi je suis un rhinocéros à une corne...

Ce qui m'énerve c'est qu'on oublie le h en écrivant mon nom...

Déjà que je fais partie des espèces menacées de disparition...

13. Charade animale

Mon premier en été peut faire ta fierté,
Et l'on dira alors que ton corps est bronzé.
Ne l'expose pas trop cet estimé premier,
Aux rayons du soleil qui pourraient le
brûler.

Mon deuxième se trouve au milieu de ton
visage.

Mon tout est un cheval de
petite taille.

Solution page suivante

13. Charade animale ^{Solution}

Mon premier en été peut faire ta fierté,
Et l'on dira alors que ton corps est bronzé.
Ne l'expose pas trop cet estimé premier,
Aux rayons du soleil qui pourraient le
brûler.

Mon deuxième se trouve au milieu de ton
visage.

Poney (peau - nez)

Le féminin de poney est la ponette.

Lorsqu'on expose sa peau aux rayons du
soleil elle bronze. Elle prend la couleur
brune.

14. Charade animale

Mon premier est une voyelle.
Elle porte un point qui la distingue des autres.

Mon deuxième est synonyme de regarder.

Les défenses de l'éléphant sont faites de mon tout.

Solution page suivante

14. Charade animale ^{Solution}

Mon premier est une voyelle.
Elle porte un point qui la distingue des
autres.

Mon deuxième est synonyme de regarder.

Les défenses de l'éléphant sont faites de mon tout.

Ivoire (i - voir)

liste des voyelles : a e i o u y

L'homme taille et sculpte l'ivoire depuis la
préhistoire.
.. ur protéger les animaux qui ont des
défenses en ivoire, l'importation et la vente
d'ivoire sont désormais interdites ou
sévèrement réglementées dans de
nombreux pays.

Une interdiction internationale du
commerce de l'ivoire existe depuis 1989.

15. Charade animale

On peut porter sur mon premier.
Mon deuxième qualifie le sel.

Mon tout est un mammifère marin.

Solution page suivante

15. Charade animale

On peut porter sur mon premier.
Mon deuxième qualifie le sel.

Mon tout est un mammifère marin.

Dauphin (dos -fin)

porter sur son dos
le gros sel - le sel fin

16. Charade animale

Mon premier est liquide. Il est aussi salé.
Et souvent en été on adore y aller.

Lorsqu'il nous faut l'écrire masculin
singulier,
mon deuxième le nom va souvent
précéder.

Mon tout est un oiseau qu'on voit parfois en villle.

Solution page suivante

16. Charade animale ^{Solution}

Mon premier est liquide. Il est aussi salé.
Et souvent en été on adore y aller.

Lorsqu'il nous faut l'écrire masculin
singulier,
mon deuxième le nom va souvent
précéder.

Mon tout est un oiseau qu'on voit parfois en villle.

Merle (mer - le)

le merle - la mer

17. Charade animale

Mon premier marque une pause.
Mon deuxième est stupide.

Mon tout est un animal à 8 pattes qui tisse sa toile.

Solution page suivante

17. Charade animale

Mon premier marque une pause.
Mon deuxième est stupide.

Mon tout est un animal à 8 pattes qui tisse sa toile.

Araignée (arrêt -niais)

une araignée

un arrêt - marquer un temps d'arrêt

18. Charade animale

Mon premier est un animal familier qui chasse les souris.

Mon deuxième permet de construire des phrases.

Mon tout est un herbivore qui a deux bosses sur le dos.

Solution page suivante

—Facile cette charade ! Tu trouves ?

—J'y bosse...

18. Charade animale ^{Solution}

Mon premier est un animal familier qui chasse les souris.
Mon deuxième permet de construire des phrases.

Mon tout est un herbivore qui a deux bosses sur le dos.

Chameau (chat - mot)
un chameau - le chat - le mot

19. Charade animale

Mon premier est la 11ème lettre de l'alphabet.

Mon deuxième est mélangé.

Mon troisième arrive en fin de position.

Mon tout est un reptile qui peut changer de couleur.

Solution page suivante

19. Charade animale Solution

Mon premier est la 11ème lettre de l'alphabet.
Mon deuxième est mélangé.
Mon troisième arrive en fin de position.

Mon tout est un reptile qui peut changer de couleur.

Un caméléon

Les plus petites espèces de caméléons font près de 3cm de long, les plus grandes 70cm.

.. s caméléons ont inspiré de nombreux auteurs de livres pour enfants de qualité :

Une histoire de caméléons, par Leo Lionni.

Le Caméléon Méli-Mélo, par Éric Carle.

20. Charade animale

Si mon premier est percé, ta voiture ne va pas rouler.
Si tu prenais mon deuxième, par terre tu pourrais tomber.
Si mon troisième te nomme, alors tu n'es pas joli.
Rassure-toi mon bonhomme, tu peux réussir ta vie.

Échanger des mots d'amour, comme pigeon et tourterelle, voilà ce que fait mon tout. C'est ce qui rend la vie belle.

Solution page suivante

20. Charade animale ^{Solution}

Si mon premier est percé, ta voiture ne va
pas rouler.
Si tu prenais mon deuxième, par terre tu
pourrais tomber.
Si mon troisième te nomme, alors tu n'es
pas joli.
Rassure-toi mon bonhomme, tu peux
réussir ta vie.

Échanger des mots d'amour,
comme pigeon et tourterelle,
voilà ce que fait mon tout. C'est
ce qui rend la vie belle.

Roucouler (roue - coup - laid)

la roue
le coup - prendre un coup
laid contraire de joli

21. Jeu de l'intrus

Il y a un intrus dans la liste suivante. Sauras-tu le trouver ?

> la poule
> le poulailler
> la poulette
> le poulain
> le poussin

Quand tu as trouvé passe à la page suivante pour avoir la **solution.**

21. Jeu de l'intrus

Il y a un intrus dans la liste suivante. Sauras-tu le trouver ?

la poule
le poulailler
la poulette

le poulain

le poussin

Dans la liste ci-dessus tous les mots sont de la famille de *poule,* sauf *poulain.*

La poule pond des oeufs.
Les poules vivent dans un poulailler.
La poulette est une petite poule.
Le poussin est le petit de la poule.

Le **poulain** est un jeune cheval.

22. Jeu de l'intrus

Il y a un intrus dans la liste suivante. Sauras-tu le trouver ?

l'âne
l'anneau
l'ânesse
l'ânon

Quand tu as trouvé passe à la page suivante pour avoir la **solution.**

22. Jeu de l'intrus ^{Solution}

Il y a un intrus dans la liste suivante. Sauras-tu le trouver ?

l'âne

l'anneau

l'ânesse
l'ânon

Dans la liste ci-dessus tous les mots sont de la famille de *âne*, sauf *anneau*.

L'âne est un mammifère quadrupède de la famille des équidés.
Lorsqu'on parle de l'âne, on pense généralement à l'animal mâle.
L'ânesse est la femelle de l'âne.
L'ânon est le petit de l'âne.

23. Jeu de l'intrus

Il y a un intrus dans la liste suivante. Sauras-tu le trouver ?

la baleine
le balai
le baleinier
le baleineau

Quand tu as trouvé passe à la page suivante pour avoir la **solution.**

23. Jeu de l'intrus ^{Solution}

Il y a un intrus dans la liste suivante. Sauras-tu le trouver ?

la baleine

le balai

le baleinier
le baleineau

Dans la liste ci-dessus tous les mots sont de la famille de baleine, sauf *balai*.

La baleine est un mammifère marin de grande taille. Ce n'est pas un poisson. Les baleines respirent donc de l'air.

Le baleinier est un navire utilisé pour la chasse à la baleine.
Le baleineau est le petit de la baleine.

La plus grosse espèce de baleines est la baleine bleue. Elle peut mesure jusqu'à 30 mètres et peser 190 tonnes, soit 190 000 kilos.

24. Jeu de l'intrus

Il y a un intrus dans la liste suivante. Sauras-tu le trouver ?

l'abeille

la ruche

la pioche

piquer

le miel

la reine

le pollen

la cire

Quand tu as trouvé passe à la page suivante pour avoir la **solution.**

24. Jeu de l'intrus ^{Solution}

Il y a un intrus dans la liste suivante. Sauras-tu le trouver ?

l'abeille
la ruche

la pioche

piquer
le miel
la reine
le pollen
la cire

Dans la liste ci-dessus tous les mots ont pour sujet le monde des abeilles sauf *pioche.*

25. Jeu de l'intrus

Il y a un intrus dans la liste suivante. Sauras-tu le trouver ?

> le chien
> le chiot
> le chenil
> le chiffre
> la chienne

Quand tu as trouvé passe à la page suivante pour avoir la **solution.**

25. Jeu de l'intrus ^{Solution}

Il y a un intrus dans la liste suivante. Sauras-tu le trouver ?

le chien

le chiot

le chenil

le chiffre

la chienne

Dans la liste ci-dessus tous les mots sont de la famille de *chien*, sauf *chiffre*.

Un chenil est un logement pour chiens, fait d'un abri couvert et d'un espace fermé en plein air.

26. L'animal mystérieux

Trouve l'animal mystérieux.

Quatre indices pour trouver cet animal

1. Je suis un animal domestique.
2. Mes pattes ont des griffes rétractiles. Je peux les rentrer ou les sortir comme je veux.
3. Proverbe : À bon _______ bon rat.
4. Je dors en moyenne 15 à 18 heures par jour.

As-tu trouvé l'animal mystérieux ?

Solution page suivante

26. L'animal mystérieux Solution

Trouve l'animal mystérieux.

Quatre indices pour trouver cet animal

1. Je suis un animal domestique.
2. Mes pattes ont des griffes rétractiles. Je peux les rentrer ou les sortir comme je veux.
3. Proverbe : À bon **chat** bon rat.
4. Je dors en moyenne 15 à 18 heures par jour.

As-tu trouvé l'animal mystérieux ?

Le chat

27. L'animal mystérieux

Trouve l'animal mystérieux.

Quatre indices pour trouver cet animal

1. On trouve des _________ à la campagne.

2. Le Vilain Petit _________ est un conte d'Andersen.

3. Donald est le nom d'un ______ célèbre dans les dessins animés.

4. – Tu es sûr que cette note est dans la partition ? Pour moi c'est une fausse note, un ______ quoi...

As-tu trouvé l'animal mystérieux ?

Solution page suivante

27. L'animal mystérieux

Trouve l'animal mystérieux.

Quatre indices pour trouver cet animal

1. On trouve des **canards** à la campagne.
2. Le Vilain Petit **Canard** est un conte d'Andersen.
3. Donald est le nom d'un **canard** célèbre dans les dessins animés.
4. – Tu es sûr que cette note est dans la partition ? Pour moi c'est une fausse note, un **canard** quoi...

As-tu trouvé l'animal mystérieux ?

Le canard

28. L'animal mystérieux

Des camemberts venus d'une autre plante ont envahi les blagues ci-dessous. Ils ont pris la place d'un animal bien connu des enfants. Quel est cet animal ?

Trois blagues pour trouver cet animal

Deux **camemberts** se promènent sur une plage. Ils croisent une limace :

—Demi-tour ! On est sur une plage de nudistes !

Un **camembert** dit à sa femme :

—Oh, la, la, j'ai un terrible mal de tête ce matin !

—Reste couché mon amour, je vais t'acheter de l'aspirine à la pharmacie.

Deux jours plus tard, elle rentre et dit à son mari :

—C'est bête, en arrivant à la pharmacie je me suis aperçu que j'avais oublié mon porte-monnaie à la maison !

Deux **camemberts** grimpent sur un mur.
Le mur est très haut et c'est très dur.
Arrivés en haut un des 2 dit :

—Ça, on peut dire qu'on en a bavé !

As-tu trouvé cet animal ?

Solution page suivante

28. L'animal mystérieux Solution

Des camemberts venus d'une autre planète ont envahi les blagues ci-dessous. Ils ont pris la place d'un animal bien connu des enfants. Quel est cet animal ?

L'animal mystérieux est un...

escargot

Deux escargots se promènent sur une plage. Ils croisent une limace :

—Demi-tour ! On est sur une plage de nudistes !

Un escargot dit à sa femme :

—Oh, la, la, j'ai un terrible mal de tête ce matin !

—Reste couché mon amour, je vais t'acheter de l'aspirine à la pharmacie.

Deux jours plus tard, elle rentre et dit à son mari :

—C'est bête, en arrivant à la pharmacie je me suis aperçu que j'avais oublié mon porte-monnaie à la maison !

Deux escargots grimpent sur un mur. Le mur est très haut et c'est très dur. Arrivés en haut un des 2 dit :

—Ca, on peut dire qu'on en a bavé !

Les limaces n'ont pas de coquille. Les escargots produisent de la bave et se déplacent lentement.

29. L'animal mystérieux

Trouve l'animal mystérieux.

Quatre indices pour trouver cet animal

1. Quand il pleut on dit qu'il fait un temps de _______.
2. Pluto est un _______ célèbre de dessin animé.
3. Avoir une vie de _______ signifie avoir une vie misérable.
4. Le chihuahua est le _______ le plus petit du monde.

As-tu trouvé l'animal mystérieux ?

Solution page suivante

29. L'animal mystérieux Solution

Trouve l'animal mystérieux.

Quatre indices pour trouver cet animal

1. Quand il pleut on dit qu'il fait un temps de **chien**.
2. Pluto est un **chien** célèbre de dessin animé.
3. Avoir une vie de **chien** signifie avoir une vie misérable, difficile.
4. Le chihuahua est le **chien** le plus petit du monde.

L'animal mystérieux est...

le chien

30. Il ne faut pas dire "une otarie", mais "un lac asséché".

— Et si c'est pas l'eau d'un lac, mais l'eau d'une rivière par exemple, tu dis quoi ?

— Une masse liquide formant cours d'eau asséché. Mais c'est moins direct.

— T'as raison, c'est moins direct...

une eau tarie

31. Il ne faut pas dire ''un ibis'', mais ''un deuxième nid''.

un nid bis

32. Il ne faut pas dire "un élan", mais "un appendice nasal peu rapide".

un nez lent

33. Il ne faut pas dire "un bouquetin", mais "une barbe à la couleur artificielle".

un bouc teint

34. Il ne faut pas dire ''une pieuvre'', mais ''un oiseau au plumage noir et blanc travaille''.

une pie œuvre

35. Il ne faut pas dire "un castor", mais "inca se plie en deux sous l'effet d'une vive émotion".

inca se tord

36. Il ne faut pas dire "un coquelet", mais "un oiseau de basse-cour, mâle de la poule, affreux, horrible, moche".

un coq laid

Blagues Monsieur et Madame

Monsieur et Madame ont un fils, ou une fille, c'est selon. Mais lorsque Monsieur et Madame adorent les animaux, ils donnent des noms de circonstance à leurs enfants.

37. Monsieur et Madame Hélan ont un fils.

Comment s'appelle t-il ?

Hugo...

Hugo Hélan

le goélan

38. Monsieur et Madame Cargot ont une fille.

Comment s'appelle t-elle ?

Agnès...

Agnès Cargot

un escargot

39. Monsieur et Madame Gator ont une fille.

Comment s'appelle t-elle ?

Magali...

Magali Gator

un alligator

40. Monsieur et Madame Truchon ont un garçon.

Comment s'appelle t-il ?

Hugo...

Hugo Truchon

un autruchon

41. Monsieur et Madame Rondelle ont un garçon.

Comment s'appelle t-il ?

Sammy...

Sammy Rondelle

une hirondelle

—Je vois Daisy Rondelle qui arrive...

—Où ça, dans le ciel ?

—Non, sur le trottoir d'en face. Avec un gros sac à dos et des bottines en cuir.

—Des hirondelles avec un sac à dos ?

42. Monsieur et Madame Billault ont un garçon.

Comment s'appelle t-il ?

Mika...

Mika Billault

un cabillaud

Le cabillaud est un poisson de mer.

43. Blague Toc Toc

Toc toc !
Qui est là ?

C'est José !
José qui ?

José pas vous le dire... Il y a un gros lion derrière vous...

44. Blague Toc Toc

Toc toc !
Qui est là ?

C'est Gérard !
Gérard qui ?

Gérard ment vu un éléphant plonger dans une piscine.

45. Blague Toc Toc

Toc toc !
Qui est là ?

C'est Éva !
Éva qui ?

Éva me rendre fou cette poule...
Ça vient cet œuf ? Mon client
attend son omelette depuis une
heure...

46. Blague Toc Toc

Toc toc !
Qui est là ?

C'est Sammy !
Sammy qui ?

Sammy rait bien si je pouvais pondre en paix. À force de me mettre la pression je vais finir par pondre des œufs brouillés.

47. Quel désordre !

Remets dans l'ordre les lettres suivantes pour trouver le nom d'un batracien.

gllnreuio

Alors ? Tu as trouvé ?

Solution page suivante

47. Quel désordre !

Remets dans l'ordre les lettres suivantes pour trouver le nom d'un batracien.

gllnreuio -> grenouille

la grenouille

Quelques batraciens : la grenouille, la reinette, le crapaud, le triton, la salamandre.

48. Quel désordre !

Remets dans l'ordre les lettres suivantes pour trouver le nom d'un animal carnivore qui vit en eaux chaudes.

idcoceolr

Alors ? Tu as trouvé ?

Solution page suivante

48. Quel désordre ! ^{Solution}

Remets dans l'ordre les lettres suivantes pour trouver le nom d'un animal carnivore qui vit en eaux chaudes.

idcoceolr -> crocodile

le crocodile

Un crocodile adulte mesure environ 5 mètres. Il peut atteindre plus de 7 m et peser jusqu'à 1 tonne.

49. Quel désordre !

Remets dans l'ordre les lettres suivantes pour trouver le nom d'un animal à longue trompe.

hpéénatl

Alors ? Tu as trouvé ?

Solution page suivante

49. Quel désordre ! Solution

Remets dans l'ordre les lettres suivantes pour trouver le nom d'un animal à longue trompe.

hpéénatl -> éléphant

un éléphant

L'éléphant est un mammifère herbivore. Son plus lointain ancêtre est le mammouth.

50. Quel désordre !

Remets dans l'ordre les lettres suivantes. Cet animal a pour femelle la vache.

rateauu

Alors ? Tu as trouvé ?

Solution page suivante

50. Quel désordre ! Solution

Remets dans l'ordre les lettres suivantes. Cet animal a pour femelle la vache.

rateauu -> taureau

le taureau

Le taureau fait partie de la famille des bovidés.
Le veau est le petit de la vache et du taureau.

51. Quel désordre !

Remets dans l'ordre les lettres suivantes. Tu vas trouver le nom d'un petit mammifère rongeur.

urssoi

Alors ? Tu as trouvé ?

Solution page suivante

—Si quelqu'un trouve ce petit mammifère rongeur, je l'invite au restaurant...

—Avec le petit mammifère rongeur, bien sûr...

51. Quel désordre ! ^{Solution}

Remets dans l'ordre les lettres suivantes pour trouver le nom d'un petit mammifère rongeur.

urssoi -> souris

la souris

La souris est omnivore. Elle se nourrit d'aliments d'origine animale ainsi que d'aliments d'origine végétale.

52. Voyelles en vacances

Trouve les voyelles manquantes.
Ce verbe signifie pousser le cri
de l'âne.

br--r-

Alors ? Tu trouves ?

Solution page suivante

La liste des voyelles : a e i o u y

52. Voyelles en vacances ^{Solution}

Trouve les voyelles manquantes. Ce verbe signifie pousser le cri de l'âne.

braire

C'est bon pour toi ?

L'âne brait.

53. Voyelles en vacances

Trouve les voyelles manquantes.
Le petit d'un mammifère marin.

b-l--n---

Alors ? Tu trouves ?

Solution page suivante

La liste des voyelles : a e i o u y

—Tu ouaffes, du verbe ouaffer ?
—Ouaf !

53. Voyelles en vacances ^{Solution}

Trouve les voyelles manquantes.
Le petit d'un mammifère marin.

baleineau

Tu as remarqué, ça en fait plein des voyelles !

le baleineau
Le baleineau est le petit de la baleine.

54. Voyelles en vacances

Trouve les voyelles manquantes.
Sa piqûre est mortelle.

sc-rp--n

Alors ? Tu trouves ?

Solution page suivante

La liste des voyelles : a e i o u y

54. Voyelles en vacances ^{Solution}

Trouve les voyelles manquantes.
Sa piqûre est mortelle.

scorpion

Des consonnes, plein...

Le scorpion vit dans le désert.

55. Voyelles en vacances

Trouve les voyelles manquantes.
Ce poisson finit souvent en
boîte.

s-rd-n-

Tu trouves ?

Solution page suivante

La liste des voyelles : a e i o u y

55. Voyelles en vacances Solution

Trouve les voyelles manquantes. Ce poisson finit souvent en boîte.

sardine

la sardine

56. Voyelles en vacances

Trouve les voyelles manquantes. Cet animal pond des oeufs, a des plumes et vole.

- - s - - -

Tu trouves mon poussin ?

Solution page suivante

La liste des voyelles : a e i o u y

56. Voyelles en vacances ^{Solution}

Trouve les voyelles manquantes. Cet animal pond des oeufs, a des plumes et vole.

oiseau

un oiseau

Une seule consonne !

57. Jeu de l'animal caché

Remets dans l'ordre les lettres du mot suivant pour trouver l'animal caché. Le meilleur ami de l'homme.

niche

Quand tu as trouvé passe à la page suivante pour avoir la **solution.**

—On parle de moi je pense... C'est vrai j'adore l'homme...

57. Jeu de l'animal caché Solution

Remets dans l'ordre les lettres du mot suivant pour trouver l'animal caché. Le meilleur ami de l'homme.

niche -> chien

le chien

Et oui ! Le mot *niche* s'écrit avec les mêmes lettres que le mot *chien*. C'est surprenant puisque la niche est la maison du chien.

le chien - la niche

58. Jeu de l'animal caché

Remets dans l'ordre les lettres du mot suivant. Elle pond des œufs.

loupe

Qui est l'animal caché ?

Quand tu as trouvé passe à la page suivante pour avoir la **solution.**

58. Jeu de l'animal caché Solution

Remets dans l'ordre les lettres du mot suivant. Elle pond des œufs.

loupe -> poule

la poule

La loupe est un instrument d'optique qui permet d'obtenir une image agrandie d'un objet.

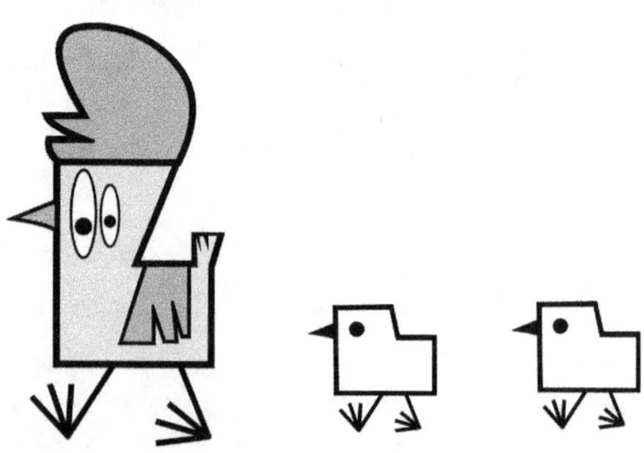

59. Jeu de l'animal caché

Remets dans l'ordre les lettres du mot suivant. Cet animal adore le miel.

roues

Quel est l'animal caché ?

Quand tu as trouvé passe à la page suivante pour avoir la **solution.**

59. Jeu de l'animal caché Solution

Remets dans l'ordre les lettres du mot suivant. Cet animal adore le miel.

roues -> ourse

une ourse

—Nous aussi on adore le miel...

60. Jeu de l'animal caché

Remets dans l'ordre les lettres du mot suivant. Il a les pattes palmées.

cadran

Qui est l'animal caché ?

Quand tu as trouvé passe à la page suivante pour avoir la **solution.**

60. Jeu de l'animal caché ^{Solution}

Remets dans l'ordre les lettres du mot suivant. Il a les pattes palmées.

cadran -> canard

un canard

61. Jeu de l'animal caché

Remets dans l'ordre les lettres du mot suivant. Un escargot sans sa coquille ?

malice

Qui est l'animal caché ?

Quand tu as trouvé passe à la page suivante pour avoir la **solution.**

61. Jeu de l'animal caché ^{Solution}

Remets dans l'ordre les lettres du mot suivant. Un escargot sans sa coquille ?

malice -> limace

une limace

La limace ressemble à un escargot sans coquille, mais ce n'est pas la même espèce animale.

62. Jeu de l'animal caché

Remets dans l'ordre les lettres du mot suivant. Elle adore le gruyère.

roussi

Qui suis-je ?

Quand tu as trouvé passe à la page suivante pour avoir la **solution.**

62. Jeu de l'animal caché _{Solution}

Remets dans l'ordre les lettres du mot suivant. Elle adore le gruyère.

roussi -> souris

une souris

63. Jeu de l'animal caché

Remets dans l'ordre les lettres du mot suivant. Nom mis au féminin.

plaine

Qui est l'animal caché ?

Quand tu as trouvé passe à la page suivante pour avoir la **solution.**

63. Jeu de l'animal caché ^{Solution}

Remets dans l'ordre les lettres du mot suivant. Nom mis au féminin.

plaine -> lapine

une lapine

64. Jeu de l'animal caché

Remets dans l'ordre les lettres du mot suivant. Elle court vite.

poilante

Qui est l'animal caché ?

Quand tu as trouvé passe à la page suivante pour avoir la **solution.**

64. Jeu de l'animal caché ^{Solution}

Remets dans l'ordre les lettres du mot suivant. Elle court vite.

poilante -> antilope

une antilope

poilante = amusante (langage populaire)

65. Jeu de l'animal caché

Remets dans l'ordre les lettres du mot suivant. Un grand singe.

girolle

Qui est l'animal caché ?

Quand tu as trouvé passe à la page suivante pour avoir la **solution.**

65. Jeu de l'animal caché Solution

Remets dans l'ordre les lettres du mot suivant. Un grand singe.

girolle -> gorille

un gorille

La girolle est un champignon comestible.

66. Jeu de l'animal caché

Remets dans l'ordre les lettres du mot suivant. On la trouve en rivière.

rotule

Qui est l'animal caché ?

Quand tu as trouvé passe à la page suivante pour avoir la **solution.**

66. Jeu de l'animal caché Solution

Remets dans l'ordre les lettres du mot suivant. On la trouve en rivière.

rotule -> loutre

une loutre

La rotule est un petit os.
La loutre est un petit mammifère qui se nourrit de poissons.

67. Jeu de l'animal caché

Remets dans l'ordre les lettres du mot suivant. Meuh !

aveu

Qui est l'animal caché ?

Quand tu as trouvé passe à la page suivante pour avoir la **solution.**

67. Jeu de l'animal caché Solution

Remets dans l'ordre les lettres du mot suivant. Meuh !

aveu -> veau

un veau

Le veau est le petit de la vache.

68. Jeu de lecture – La lettre farceuse

Dans le texte suivant beaucoup de mots ont étés la victime d'une **lettre farceuse** : une lettre d'un mot a été remplacée par une autre.

Lis le texte puis entraîne-toi à le relire sans lettres farceuses.

Exemples : lapin - sapin ; voix - noix

Ce texte parle d'animaux qui vivent en forêt.

Promenade dans les lois

J'adore me promener dans les lois.
Vive la rature !

Dans les lois on rencontre des vies qui jacassent.
Il y a des têtes à plumes et des têtes à poils.
La rature est vraiment variée.

Il faut toujours respecter les lois.
Par exemple il ne faut pas tasser les
branches, c'est très mauvais pour les lois.

À la page suivante tu pourras lire le texte
sans mots farceurs.

68. La lettre farceuse... sans les mots farceurs

Voici le texte sans mots farceurs.

Promenade dans les bois

J'adore me promener dans les bois.
Vive la nature !

Dans les bois on rencontre des pies qui
jacassent.
Il y a des bêtes à plumes et des bêtes à
poils.
La nature est vraiment variée.

Il faut toujours respecter les bois.
Par exemple il ne faut pas casser les
branches, c'est très mauvais pour les bois.

69. Jeu de lecture - La lettre farceuse

Dans le texte suivant beaucoup de mots ont étés la victime d'une **lettre farceuse** : une lettre d'un mot a été remplacée par une autre.

Lis le texte puis entraîne-toi à le relire sans lettres farceuses.

Exemples : lapin - sapin ; voix - noix

La petite boule rouge

Connais-tu le conte de la petite boule rouge ?
C'est une petite boule rouge qui trouve un train de blé.
Elle plante le train pour faire mousser du blé.
Avec le blé elle fait de la marine.
La marine ç'est bien pour le bain.
La petite boule rouge fait plein de nains.
À la fin de l'histoire elle range les nains avec ses poussins.

À la page suivante tu pourras lire le texte
sans mots farceurs.

69. La lettre farceuse... sans les mots farceurs

Voici le texte sans mots farceurs.

La petite poule rouge

Connais-tu le conte de la petite poule rouge ?

C'est une petite poule rouge qui trouve un grain de blé.

Elle plante le grain pour faire pousser du blé.

Avec le blé elle fait de la farine.

La farine ç'est bien pour le pain.

La petite poule rouge fait plein de pains.

À la fin de l'histoire elle mange les pains avec ses poussins.

Idée ! Et si tu t'amusais à écrire un petit texte avec des lettres et mots farceurs ? Commence par te faire une petite liste de mots proches à une lettre près. Ensuite utilise ces mots dans une phrase ou un texte. Et c'est encore plus rigolo si tu travailles en équipe.

À bientôt ! Miaou !

À bientôt ! Ouaf !